Tiburones

Jonathan Sheikh-Miller

Redacción: Gillian Doherty

Asesoría: Theresa Greenaway y Dr. Frances Dipper
Dirección editorial: Jane Chisholm
Dirección de diseño: Mary Cartwright

Diseño: Ian McNee, Cecilia Bonilla y Nickey Butler
Ilustraciones: John Woodcock
Manipulación fotográfica: John Russell

Traducción: Mónica Tamariz
Redacción en español: Pilar Dunster
y Anna Sánchez

Índice de materias

Links de Internet

Los recuadros intercalados en el texto contienen descripciones de páginas web relacionadas con el tema del libro. Para poder visitarlas necesitas tener acceso a un ordenador conectado a Internet.

★ Al lado de algunas de las ilustraciones encontrarás este símbolo. Indica que puedes descargarlas desde la página web de Usborne **www.usborne-quicklinks.com/es**

Hay más información sobre el uso de Internet y la descarga de ilustraciones en el reverso de la cubierta del libro y en la página 62.

Un tiburón gris de arrecife alimentándose en el Pacífico.

A la izquierda, tiburones de arrecife en el atolón Bikini (Océano Pacífico).

¿Qué es un tiburón?

El tiburón es un tipo de pez. Existen unas 400 especies de tiburones, la mayoría de las cuales son marinas, aunque algunas se encuentran en los ríos.

Este grupo de pececitos se refugia en la boca del tiburón ballena.

Distintos tamaños

Aunque los tiburones tienen fama de ser enormes y sanguinarios, menos de la quinta parte superan el tamaño del hombre y de promedio miden entre 60 y 90 centímetros. El tiburón más grande es el tiburón ballena, más largo que un autobús, y el más diminuto el tiburón enano, que tiene el tamaño de un plátano.

Formas diversas

Muchos tiburones son de color gris y tienen el cuerpo alargado, pero no todos se ajustan a estas características. Por ejemplo, la cornuda o pez martillo, como su nombre indica tiene la cabeza en forma de martillo y varias especies que viven en el lecho marino tienen el cuerpo aplanado.

El angelote tiene el cuerpo aplanado.

Una cornuda

¿Son peligrosos?

Aunque una treintena de especies
han atacado al hombre, son pocas
las muertes registradas. Los tiburones
raramente atacan y si lo hacen causan
heridas leves. Incluso los que tienen
un tamaño enorme, como el peregrino,
son totalmente inofensivos.

Link de Internet

Página de la Asociación Ibérica de Tiburones
y Rayas, con información sobre la biología
de los tiburones y las especies ibéricas.

Para acceder a la página resenada y a
otros muchos sitios web visita:
www.usborne-quicklinks.com/es

El peregrino es un
tiburón grande,
pero inofensivo.

¿Dónde viven los tiburones?

Los tiburones se encuentran en todos los
confines del planeta, en los cálidos mares
tropicales y en las gélidas aguas polares,
en las profundidades de los océanos y
cerca de la superficie marina.

Muchas especies de tiburones viven en los
arrecifes de coral. Los arrecifes parecen
rocas, pero están formados por los
esqueletos de unos animalillos llamados
madréporas que se encuentran en aguas
cálidas, claras y poco profundas.

Arrecife de
coral en el
mar Rojo

El esqueleto

Las personas y la mayoría de los peces
tienen esqueletos óseos (de hueso), sin
embargo los tiburones tienen esqueleto
cartilaginoso, formado por un material
ligero y flexible llamado cartílago.

Las partes del tiburón ....

Aunque las distintas especies de tiburones pueden parecer muy diferentes entre sí, tienen muchas características comunes.

El tiburón típico

Cuando la gente piensa en tiburones, normalmente se los imagina como los del dibujo. El tiburón típico tiene el cuerpo alargado e hidrodinámico, lo que le facilita el avance por el agua.

La piel

El tiburón tiene la piel cubierta de unas escamas especiales con forma de ganchito llamadas escamas placoides, que resultan muy ásperas al tacto y confieren gran resistencia a la piel.

Las escamas placoides vistas de cerca

★

Dos tiburones de arrecife del Caribe nadando juntos. Las líneas señalan algunas de las características comunes a la mayor parte de los tiburones.

Muchos tiburones tienen el morro puntiagudo para avanzar mejor por el agua.

Estas aberturas se llaman branquiales o agallas. Bajo ellas se encuentran las branquias, que sirven para respirar.

Ésta es una de las dos aletas ventrales, que equivalen a las extremidades traseras de otros animales

Esta aleta triangular es la aleta dorsal. Los tiburones pueden tener una o dos aletas dorsales.

Lóbulo superior

Link de Internet

Visita esta página para ver en detalle las partes del tiburón y descubrir otras muchas curiosidades sobre este animal.

Para acceder a la página reseñada y a otros muchos sitios web visita: **www.usborne-quicklinks.com/es**

Ésta es una aleta pectoral. Todos los tiburones tienen dos, una a cada lado del cuerpo. Equivalen a las extremidades delanteras de otros animales.

Lóbulo inferior

La aleta caudal forma la cola y tiene dos lóbulos, el inferior y el superior.

Las aletas

Las aletas son unas partes muy importantes del cuerpo del tiburón. En vez de patas, los tiburones tienen un par de aletas pectorales y un par de aletas ventrales que usan para mantener el equilibrio y cambiar de rumbo en el agua cuando nadan.

Los tiburones son famosos por las aletas dorsales. Son las que tienen en el lomo y a veces sobresalen de la superficie del agua.

La aleta dorsal triangular del tiburón es fácilmente reconocible.

★

¿Cómo nadan los tiburones?

Algunos tiburones son más rápidos que otros, pero todos hacen movimientos parecidos cuando se desplazan por el agua. Los tiburones nadan para buscar alimento y para alejarse de otros animales marinos que podrían atacarles.

Tiburones enérgicos

Aquí vemos la cola en forma de medialuna, con los dos lóbulos iguales, del tiburón carite.

Los mejores nadadores son los tiburones que tienen la cola con forma de medialuna. Es la que produce el mayor impulso.

El tiburón oceánico nada velozmente cerca de la superficie.

Link de Internet

¿Te gustaría ver los movimientos de la tintorera? Visita un sitio web que incluye clips de vídeo de estos tiburones azules. El texto es en inglés.

Para acceder a la página reseñada y a otros muchos sitios web visita: **www.usborne-quicklinks.com/es**

Nadar con estilo

Los tiburones nadan moviendo la cola de un lado a otro. Al batir contra el agua, la cola produce una gran fuerza que da impulso al cuerpo del tiburón.

Nos parece que los tiburones nadan haciendo "eses" porque mueven el cuerpo de un lado a otro.

El tiburón se impulsa moviendo la cola de un lado a otro.

Como un avión

Las aletas pectorales y ventrales del tiburón funcionan de manera parecida a las alas de un avión. A medida que avanza, la presión del agua impide que el pez se hunda. Para ascender, le basta con girar ligeramente las aletas pectorales.

Esta tintorera sube a la superficie.

Este tiburón inclina las aletas pectorales para ascender.

Giros y paradas

El dibujo muestra a la flexible musola pinta girando en redondo.

Para cambiar de dirección, algunos tiburones pueden flexionar el cuerpo lateralmente en forma de herradura y girar en redondo. Otros tiburones menos flexibles giran más gradualmente inclinando las aletas pectorales y torciendo el cuerpo un poco.

Para frenar, los tiburones inclinan las aletas pectorales y así ofrecen resistencia al agua.

Tiburones que se arrastran

Algunos tiburones que pasan mucho tiempo en el lecho marino prefieren avanzar apoyándose en el suelo con las aletas pectorales.

La gata nodriza avanza con las aletas pectorales por el lecho marino.

Los sentidos ....

Los tiburones tienen los sentidos muy desarrollados y adaptados a la vida acuática. Gracias a ellos pueden cazar y escapar de sus depredadores (los animales que se alimentan de otros animales).

La membrana nictitante cubre parcialmente el ojo de este tiburón oceánico para protegerlo.

Membranas protectoras

Los tiburones pueden resultar heridos cuando atacan a sus presas. Algunas especies, como el tiburón oceánico, tienen una formación cutánea conocida como membrana nictitante que protege los ojos durante la depredación.

La vista

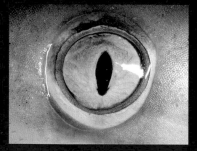

Los ojos del tiburón brillan en la oscuridad porque tienen una capa reflectante en el fondo.

Ataque ciego

Los tiburones que no tienen membranas protectoras retraen los ojos durante el ataque, de modo que en el momento de atrapar a su presa no ven nada.

Los tiburones tienen buena vista. En las aguas oscuras y profundas se sirven de una capa reflectante que tienen en el fondo del ojo para ver mejor. Esta capa actúa como un espejo que aprovecha al máximo la poca luz que les llega a los ojos.

El oído

Los oídos de los tiburones
están situados en el interior de
la cabeza, uno a cada lado del
cerebro. Oyen particularmente
bien los sonidos graves.

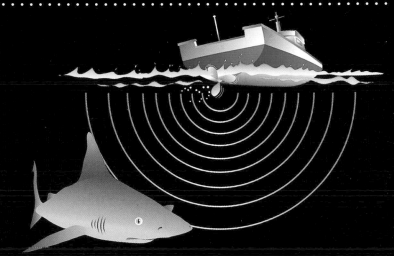

Los tiburones son capaces
de oír el ruido del motor de
un barco en la distancia.

El olfato

Los orificios nasales que tienen los tiburones
en el morro no sirven para respirar sino para
oler. El agua penetra por ellos y luego
atraviesa una capa de piel especial
que detecta los olores.

El tiburón de arrecife del
Caribe olfatea el agua en
busca de peces por los
orificios de la nariz.

El gusto

Las papilas gustativas de los
tiburones se encuentran en unos
bultitos repartidos por el paladar
y la lengua. Aunque sirven para
identificar el sabor de la comida,
a veces los tiburones engullen
basuras arrojadas al mar, como
latas, bolsas de plástico y botellas.

Los tiburones
pueden tragarse
desechos por error.

Dato: Los tiburones tienen un sentido del olfato finísimo y son capaces
de detectar el olor de la sangre a casi tres kilómetros de distancia.

Sentidos especiales

Los tiburones poseen unos sentidos especiales que los ayudan a cazar. Son capaces de detectar los movimientos de otros animales e incluso las señales eléctricas que emiten.

Detectores eléctricos

Los músculos y los nervios de todos los animales emiten señales eléctricas. Los tiburones perciben estas señales con unos poros que tienen en el hocico y así localizan a sus presas.

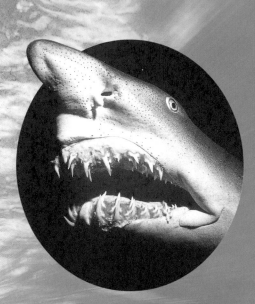

Las manchas negras del morro de este pez toro son los poros por los que detecta las señales eléctricas.

Aperitivo de metal

A veces, los tiburones atacan los objetos metálicos. Esto se debe a que, en el agua salada, el metal emite una débil corriente eléctrica. El tiburón puede entonces creer que se trata de una presa y lanzarse al ataque.

Las señales eléctricas que emiten el submarinista y la jaula protectora han atraído al tiburón blanco.

Sentir el movimiento

Los tiburones pueden notar la presencia de un depredador o de una presa sin necesidad de verlos. Bajo la piel tienen unos tubos en los que hay unos pelillos capaces de detectar hasta el más leve movimiento del agua.

 Link de Internet

Página dedicada a las curiosidades de la naturaleza con un test que pondrá a prueba tus conocimientos sobre los animales.

Para acceder a la página reseñada y a otros muchos sitios web visita:
www.usborne-quicklinks.com/es

La línea roja muestra la zonas sensibles a la presencia de un animal cercano. Hay otra zona igual en el otro lado del cuerpo.

Manjares enterrados

Algunos de los tiburones que viven en el lecho marino encuentran su alimento gracias al sentido del tacto. En el extremo del hocico tienen unas prolongaciones dérmicas llamadas barbas con las que detectan los animales que se esconden bajo la arena.

Tacto y gusto

Las barbas están recubiertas de pequeñas papilas gustativas, así que mientras cazan, los tiburones pueden saborear sus presas y decidir si son comestibles o no.

Una bamboa ocelada con barbas en la punta del hocico

Las branquias y la respiración ....

Todos los animales necesitan oxígeno para vivir. Algunos lo obtienen del aire a través de los pulmones, pero los tiburones, como todos los peces, tienen branquias para obtenerlo del agua.

Respiración continua

Los tiburones más activos que pasan la mayor parte del tiempo nadando, tienen la boca y las hendiduras branquiales siempre abiertas para que el agua entre y salga libremente. Las branquias del tiburón contienen multitud de pequeños vasos sanguíneos que absorben el oxígeno.

Los tiburones blancos son peces muy activos que necesitan gran cantidad de oxígeno.

Abrir y cerrar

Existe otro método de respirar utilizado principalmente por los tiburones que no están siempre nadando. Primero, el pez abre la boca y, manteniendo las agallas cerradas, toma agua. Luego cierra la boca y abre las agallas para que el agua pase por las branquias al salir.

Este tiburón de arrecife nada con la boca abierta para que entre agua.

Cuando cierra la boca, el agua sale por las agallas.

Dato: El agua contiene mucho menos oxígeno que el aire, así que los tiburones necesitan un gran flujo continuo de agua para obtener todo el que necesitan.

Los espiráculos

Los tiburones que pasan mucho tiempo en reposo en el fondo del mar respiran de una forma distinta a las que hemos visto hasta ahora. Estos tiburones absorben el agua por unos orificios llamados espiráculos que tienen bajo los ojos, así pueden respirar sin tener que abrir la boca cuando están semienterrados en la arena.

Espiráculo

Este pejegato de Tasmania reposa en el lecho marino y respira por el espiráculo.

Link de Internet

Página de los tiburones de Puerto Rico con información general sobre estos animales, así como ilustraciones de las distintas especies.

Para acceder a la página reseñada y a otros muchos sitios web visita:
www.usborne-quicklinks.com/es

Tiburones dormilones

Incluso los tiburones más activos se detienen de vez en cuando en el fondo a descansar. Los tiburones de arrecife del Caribe duermen a veces sobre el lecho marino, pero cuando lo hacen no respiran por espiráculos, sino por la boca, como de costumbre.

Los tiburones de arrecife del Caribe descansan en el fondo del mar varias veces al día.

Los dientes y la alimentación ...

Muchos tiburones tienen unos dientes de aspecto feroz, pero otros los tienen planos o tienen unos dientes diminutos que no usan para comer. La forma de los dientes de un tiburón depende del tipo de comida de la que se alimenta.

El diente del tiburón blanco mide unos 7 centímetros y penetra fácilmente en el cuerpo de sus presas.

Puñales triangulares

Los grandes tiburones, como el tiburón blanco, el tiburón tigre y la tintorera, tienen unos dientes triangulares con los bordes serrados para atrapar peces y otros animales grandes y arrancarles bocados.

Anzuelos

El pez toro tiene un aspecto muy fiero con sus dientes largos y finos, perfectamente adaptados para atrapar presas escurridizas, peces y calamares, que suele comerse de un bocado.

Los dientes afilados del pez toro le dan un aspecto fiero, pero en realidad no es un tiburón muy agresivo.

Dato: A lo largo de su vida, a los tiburones les salen y se les caen miles de dientes.

Dentadura renovable

Los tiburones cazadores necesitan dientes fuertes para matar y devorar a sus presas, por eso suelen tener varias hileras de dientes. Cuando pierden uno de la fila delantera, el que está detrás avanza y ocupa su lugar.

Dientes planos

No todos los tiburones tienen los dientes afilados. El dormilón carenado tiene los dientes puntiagudos, pero las muelas planas y romas para triturar los duros caparazones de los erizos de mar y otras presas de las que se alimentan.

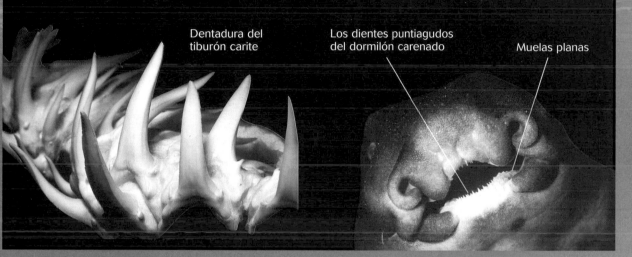

Dentadura del tiburón carite

Los dientes puntiagudos del dormilón carenado

Muelas planas

Dientes diminutos

Algunas especies de gran tamaño, como el tiburón ballena y el peregrino, tienen dientes diminutos. Estas especies se alimentan de otro modo y no necesitan dientes para morder como los demás tiburones (ver página 28).

Si te fijas bien, verás una fila de dientes diminutos.

La caza

Son muchas las estrategias de ataque que practican los tiburones. Su comportamiento también puede variar cuando cazan, pasando de la tranquilidad al frenesí.

Al primer mordisco

El tiburón blanco suele morder a su presa una sola vez y luego se retira a esperar a que se debilite o muera antes de volver para devorarla. De esta manera evita las heridas que podrían resultar de una pelea.

Bocados grandes

Algunos grandes depredadores tienen un mordisco muy potente, debido a que la articulación de la mandíbula es muy flexible y pueden abrir muchísimo la boca.

Cuando el tiburón abre la boca para morder a su víctima, la cabeza y el morro se elevan y las mandíbulas se abren.

Cuando la boca se ha abierto por completo, la mandíbula superior avanza y el tiburón puede dar un gran mordisco.

Este tiburón blanco se dispone a dar un enorme mordisco a su próxima víctima.

La caza en grupo

Hay especies que cazan en grupo.
Por ejemplo, los tiburones de
puntas negras trabajan en
colaboración con el fin
de acorralar bancos de
peces. Los conducen a
alguna playa y allí los
capturan y engullen
fuera del agua.

Los tiburones puntas
negras han empujado a
los peces hasta la playa.

Banquetes frenéticos

Cuando un banco de peces atrae a
un grupo de tiburones, éstos entran
en tal estado de agitación que no
sólo devoran frenéticamente a los
peces, también se muerden entre
sí sin darse cuenta.

Estos tiburones de arrecife
han encontrado un montón
de comida y puede que
empiecen a atacar con furia.

Link de Internet

Un sitio web dedicado a los animales
acuáticos, que incluye fotos y fichas de
varios tiburones.

Para acceder a la página reseñada y a
otros muchos sitios web visita:
www.usborne-quicklinks.com/es

La reproducción

Las aves y muchos otros animales ponen huevos de los que salen las crías. Algunos tiburones también ponen huevos, pero la mayoría son vivíparos, es decir, las crías permanecen en el vientre de la madre hasta que están completamente desarrolladas y listas para nacer.

El cortejo

Los tiburones necesitan encontrar un compañero del sexo opuesto para tener crías. La hembra deja un rastro perfumado en el agua para atraer al macho y éste la sigue y la mordisquea si está interesado.

El macho del tiburón puntas blancas mordisquea a la hembra para demostrar su interés.

La fecundación

Cuando un espermatozoide procedente de un tiburón macho se une a un óvulo de una hembra, la cría empieza a formarse dentro de la madre. Para que esto ocurra, el macho y la hembra han de aparearse, es decir, el macho tiene que introducir el esperma dentro de la hembra, para lo cual emplea un órgano llamado pterigópodo. El esperma entra en la hembra por un orificio llamado cloaca.

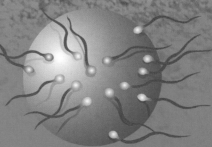

En el cuerpo de la hembra entran millones de espermatozoides, pero sólo uno fecunda el óvulo. Aquí vemos los espermatozoides de color rosa y el óvulo de color azul.

El desarrollo

Los embriones que se desarrollan dentro de la madre necesitan alimento y lo obtienen de un líquido (la yema) que hay en el saco vitelino que les cuelga del cuerpo. Algunos embriones lo obtienen de la sangre materna.

Saco vitelino

Este embrión de mielga se encuentra dentro de su madre. Está unido al saco vitelino, del que recibe el alimento.

Crías precoces

Durante el parto, lo primero que sale es la cola. Las crías de tiburón nacen sabiendo nadar y nada más venir al mundo empiezan a llevar una vida independiente. Los padres no cuidan de las crías, así que éstas han de estar atentas a los posibles ataques de los depredadores desde el primer momento.

Un experto en tiburones ayuda a dar a luz a un tiburón limón.

Dato: Las crías del pez toro devoran a sus hermanos en el vientre materno para ponerse fuertes.

Los huevos ....

Algunas especies de tiburones son ovíparas, es decir, ponen huevos en los que las crías se desarrollan hasta el momento de nacer.

La supervivencia

Mientras está en el huevo, la cría obtiene el alimento del saco vitelino al que está conectada. El agua atraviesa la cápsula del huevo para que la cría pueda absorber oxígeno.

La forma del huevo

Los huevos de tiburón pueden ser de diferentes formas y tamaños. Muchos tienen forma de bolsa y todos ellos tienen una cápsula resistente para proteger al embrión. Algunos huevos tienen largos filamentos que, al enredarse en las algas o en las rocas del fondo del mar, impiden que se vayan flotando a la deriva.

Es posible ver la cría de pejegato ajedrezado y su gran saco vitelino a través de la cápsula translúcida.

La cápsula se prolonga en unos filamentos que se enredan en las algas del fondo para anclar el huevo.

Huevos retorcidos

Los huevos del dormilón carenado no tienen filamentos, pero la cápsula presenta una curiosa forma espiral. Las hembras transportan en la boca los huevos recién puestos y los depositan en las cavidades rocosas para que estén a salvo.

Un dormilón carenado ha dejado este huevo encima de una roca en lugar de introducirlo en una grieta.

Huevos en peligro

Los huevos están expuestos a muchos peligros porque los padres no se ocupan de vigilarlos. Además de correr el riesgo de ser devorados por depredadores, los temporales los arrancan de sus refugios y los arrojan a las playas. Una vez fuera del agua los huevos se secan y el embrión muere en su interior.

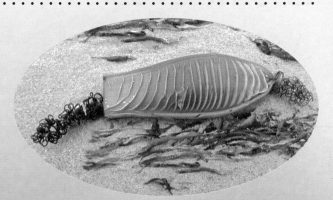

Este huevo de tiburón inflado australiano ha sido arrastrado hasta la playa.

Fuera del huevo

Algunos tiburones salen del huevo antes que otros. Cuando se acaba el contenido del saco vitelino la cría está lista para salir fuera y alimentarse en el agua.

La hembra del tiburón deposita los huevos en lugares donde hay abundancia de alimento.

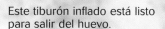

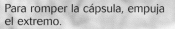

Este tiburón inflado está listo para salir del huevo.

Para romper la cápsula, empuja el extremo.

La diminuta cría sabe nadar en cuanto nace.

Esta cría de tiburón inflado apenas ha salido del huevo y ya se echa a nadar.

El tiburón blanco

El tiburón blanco, también llamado "asesino blanco", tiene fama de devorador de humanos. Es la especie de tiburón más conocida.

Tiburones aterradores

Son los tiburones carnívoros de mayor tamaño (hasta 6 metros de longitud) y están provistos de unos dientes fuertes y afilados.

Aquí ves un tiburón blanco al lado de un buzo para hacerte una idea de su tamaño.

¿Devorador de hombres?

Aunque los tiburones blancos son peligrosos y en ocasiones han matado a alguna persona, su comida favorita no es el hombre, sino las focas, pues su carne les proporciona mucha energía.

Esta foca elefante boreal es un buen bocado para el tiburón blanco.

La vida en la superficie

Los tiburones blancos suelen atacar en la superficie. Sorprenden a las presas acercándose a ellas desde abajo y a veces llegan a sacar la cabeza y parte de su enorme cuerpo fuera del agua.

★ El tiburón blanco puede salir a la superficie repentinamente en busca de comida.

Dato: Tras una comida copiosa, el tiburón blanco puede pasar varias semanas sin comer.

El tiburón blanco nada cerca de la superficie buscando su próxima presa.

¿Dónde vive?

El tiburón blanco se encuentra en las frías aguas costeras de Australia, Sudáfrica, los Estados Unidos y el Mediterráneo, entre otra zonas. No son particularmente comunes, y en algunas áreas son una especie protegida.

No es frecuente ver tiburones blancos, por lo que es muy poco probable que encuentres uno.

Link de Internet

Un sitio web que proporciona información adicional acerca del tiburón blanco.

Para acceder a la página reseñada y a otros muchos sitios web visita:
www.usborne-quicklinks.com/es

Tiburones peligrosos

El tiburón tigre, el jaquetón sarda y el tiburón oceánico son muy peligrosos y capaces de cazar animales grandes. Afortunadamente, las probabilidades de que una persona sea atacada por un tiburón son muy remotas.

Tigres blancos

Los tiburones tigre jóvenes tienen rayas como los felinos a los que deben su nombre, pero a medida que crecen, las rayas dejan de verse y entonces empiezan a parecerse al tiburón blanco, otro gran cazador.

Este tiburón tigre hambriento da mordiscos a una ballena muerta.

Este joven albatros es una presa fácil.

Presa fácil

Los tiburones tigre acuden al archipiélago hawaiano todos los años porque allí hay colonias de albatros, una de sus presas favoritas. Esperan a que las aves caigan al agua cuando están aprendiendo a volar y las atrapan sin gran esfuerzo.

Dato: Los tiburones más grandes y fuertes atacan a cualquier clase de animal, como calamares, delfines e incluso a otros tiburones.

El asesino de los océanos

El tiburón oceánico pasa casi todo el tiempo en alta mar, así que no suele representar un peligro para los seres humanos.

Sin embargo, se cree que este tiburón ha podido atacar a gente que ha caído al mar víctima de un naufragio o de un accidente de aviación.

Un tiburón oceánico

El jaquetón sarda

La mayoría de los tiburones sobreviven únicamente en agua salada, a excepción del jaquetón sarda, que a veces remonta los ríos. Se han visto ejemplares de este tiburón en Perú, a 4.000 kilómetros de la desembocadura del Amazonas.

Este jaquetón sarda nada despacio, a la espera de que se acerque su próxima víctima.

Ríos peligrosos

El jaquetón sarda sólo mide 3 metros pero alguna vez ha atacado a animales tan grandes como el hipopótamo, e incluso a personas. La pastinaca es un pariente de los tiburones que también puede atacar a la gente que vadea los ríos tropicales.

27

Los tiburones planctónicos

Algunos de los tiburones más grandes se alimentan de seres muy pequeños. Los diminutos animales y plantas que forman el plancton sirven de alimento al tiburón ballena, al peregrino y al tiburón boquiancho.

¿Qué es el plancton?

Plancton es el nombre que recibe el conjunto de organismos animales y vegetales que flotan cerca de la superficie del agua. Sólo pueden verse con un microscopio.

Plancton

El pez más grande

El tiburón ballena es el pez más grande del mundo. Mide ocho veces más que una persona y cada una de sus aletas pectorales tiene 2 metros de longitud.

El tiburón ballena recoge agua como si fuera una aspiradora gigante y filtra el plancton. Puede llegar a filtrar cientos de litros de agua por hora.

El tiburón ballena no es agresivo y los submarinistas se le pueden acercar sin peligro.

Filtradores

Los tiburones planctónicos pueden tener delante de las branquias unos filtros esponjosos o unas filas de varillas. Cuando el tiburón toma una bocanada de agua, los filtros o las varillas capturan el plancton como si fueran redes.

¡Qué bocazas!

El tiburón boquiancho es el más pequeño de los tiburones planctónicos, pero aún así mide 5 metros. Este tiburón vive en las profundidades oceánicas y se alimenta de plancton, calamares y medusas.

Boca luminosa

La parte superior del interior de la boca del tiburón boquiancho brilla en la oscuridad para atraer a las presas.

El tiburón boquiancho se llama así porque tiene la boca muy grande.

Tiburones de superficie

El peregrino es el segundo pez más grande del mundo. Este tiburón sale con frecuencia a la superficie, donde aparentemente descansa tomando el sol, aunque en realidad está comiendo, absorbiendo agua con su enorme boca y filtrando el plancton con sus varillas.

El peregrino nada con la boca abierta para tragar el plancton.

 Dato: Se cree que durante el invierno, cuando escasea el alimento, el peregrino pasa varios meses hibernando, es decir, reposando en el lecho marino.

Tiburones que se camuflan

Algunos tiburones resultan muy difíciles de ver, pues se camuflan en su entorno y sus colores se confunden con los de los arrecifes y los fondos marinos en los que viven.

Un tiburón plano

El angelote tienen el cuerpo ancho y aplanado, normalmente del color de la arena y algunas veces con manchas oscuras en la piel. Así, cuando quiere descansar, puede posarse en el fondo y pasar desapercibido.

Fíjate lo bien que se camufla en el fondo del mar el angelote del Pacífico.

Ataque sorpresa

★

Para cazar, el angelote se queda inmóvil en el fondo y con las aletas pectorales se echa arena encima.

Una vez que está bien camuflado bajo la arena, espera a que pase un pez u otra posible presa.

Cuando la presa está a su alcance, se lanza al ataque de improvisto y la atrapa con sus dientes afilados.

Los tapiceros

Los tapiceros son unos tiburones muy extraños que tienen la piel de colores muy vivos para camuflarse entre los arrecifes de coral y las rocas donde viven.

Vistas desde arriba, las manchas del tapicero parecen rocas.

Este tiburón se llama tapicero ornamentado porque tiene la piel adornada con colores vivos.

Piel de algas

Flecos

Este tapicero barbudo tiene unos flecos que le cuelgan alrededor de la cabeza.

A la mayor parte de los tapiceros les cuelgan a ambos lados de la cabeza unas protuberancias dérmicas que recuerdan al coral o a las algas.

Sorpresa mortal

★ Así es como el tapicero atrapa a sus presas.

Los tapiceros cazan a sus presas de forma parecida a los angelotes. Se quedan quietos en el fondo esperándola y, cuando la tienen cerca, la atrapan por sorpresa.

Dato: El nombre del tiburón tapicero en la lengua de los aborígenes australianos es "wobbegong".

31

Tiburones de los lechos marinos ......

Muchos tiburones viven en el lecho marino. Suelen ser bastante lentos y les gusta reposar en el fondo. Cuando cazan, utilizan las barbas que tienen en el morro para buscar su alimento.

La gata nodriza

La gata nodriza suele vivir en aguas poco profundas, en arrecifes rocosos o en lechos arenosos en los que puede camuflar su cuerpo marrón y aplastado.

Esta gata nodriza nada en un arrecife del Caribe, una zona en la que abundan estos tiburones.

Dormilones

Las gatas nodrizas suelen descansar a menudo apiladas unas sobre otras en una cueva u otro refugio para protegerse. Suelen reposar durante el día y cazar por la noche.

Las gatas nodrizas se tumban unas sobre otras durante el día.

Cebras en el mar

El tiburón acebrado se llama así porque sus crías tienen rayas como las cebras, lo que hace que a los depredadores les resulte difícil verlas entre los arrecifes tropicales en los que suelen vivir. A medida que crecen, las rayas se van convirtiendo en puntos.

Cuando no está entre las rocas o los arrecifes, la cría de tiburón acebrado resulta muy visible.

El tiburón sierra

El tiburón sierra vive en el fondo arenoso. El morro es muy alargado y tiene a ambos lados unos dentículos que le hacen parecerse a una sierra.

Dentículos

Barba

El tiburón sierra mide 1,5 metros aproximadamente. El morro representa un tercio de su longitud.

Morro mortal

El tiburón sierra localiza con sus barbas los animales que hay enterrados en la arena.

Cuando encuentra una presa, utiliza el morro para desenterrarla.

Si la presa trata de escapar, el tiburón la golpea con su largo y afilado morro.

Dato: Los dentículos del tiburón sierra están replegados contra el morro al nacer, para que no hagan daño a la madre.

Los tiburones de arrecife

En los arrecifes de coral viven muchas plantas y animales, entre los que se cuentan varias especies de tiburones. Algunos de estos tiburones toman el nombre de su hábitat y se denominan tiburones de arrecife.

El tiburón de arrecife

Esta especie se encuentra en los arrecifes de coral de los océanos Pacífico e Índico. Son unos tiburones grandes y activos que llegan a medir 2,5 metros.

Este tiburón de arrecife nada sobre el coral en el océano Índico.

Advertencias

Si un tiburón de arrecife se siente amenazado o está nervioso, puede decidir atacar antes de que lo ataquen a él. Afortunadamente, antes de hacerlo, avisa.

★

Si un submarinista le molesta, el tiburón de arrecife arquea el lomo.

Luego baja las aletas pectorales y mueve la cabeza de un lado a otro.

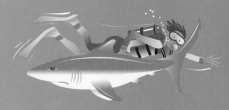

Si esto ocurre, el submarinista debe alejarse lentamente para evitar el ataque del tiburón.

El tiburón puntas negras

Aunque estos tiburones suelen vivir en los arrecifes, también pueden aparecer en mitad del Mediterráneo, donde no hay corales.

 Link de Internet

Web zoológico-fotográfica, con fotos de varias especies de tiburones entre otras muchas clases de animales.

Para acceder a la página reseñada y a otros muchos sitios web visita: www.usborne-quicklinks.com/es

El tiburón puntas negras se reconoce fácilmente porque tiene las puntas de las aletas negras.

Mordiscos en los pies

El tiburón puntas negras mide 2 metros de longitud pero es capaz de moverse en aguas poco profundas, por donde camina y nada la gente. Alguna vez ha mordido los pies de los bañistas.

Ladrones de arrecife

Muchos de los tiburones de arrecife son muy curiosos y suelen acercarse a los submarinistas, llegando incluso a robar los peces que han capturado los pescadores submarinos.

El pez martillo

El pez martillo es uno de los tiburones más fáciles de reconocer por la curiosa forma de su cabeza, ancha y aplanada, que le ayuda a cazar con mayor eficacia.

La cornuda común

La cornuda es la más común de las nueve especies de pez martillo. Se llama así porque los extremos de la cabeza terminan en puntas curvas que parecen cuernos.

Aquí vemos las puntas curvas de los "cuernos" de la cornuda.

La cornuda gigante

La cornuda gigante es el pez martillo más grande y fiero. Puede llegar a medir 6 metros y se conocen casos de ataques al hombre.

Las cornudas gigantes se encuentran a menudo en los arrecifes de coral o en las costas.

Los ojos del martillo

Los peces martillo tienen los ojos a ambos lados de la cabeza, lo que les proporciona un campo de visión muy amplio, pero para mirar hacia delante tienen que mover la cabeza de un lado a otro.

El ojo del pez martillo, situado en el lateral de la cabeza, visto de cerca.

Las flechas rojas muestran el amplio campo de visión del pez martillo.

Los sentidos

★

El pez martillo es un buen cazador que localiza fácilmente a sus presas.

La forma de la cabeza de la cornuda gigante le ayuda a atrapar a su presa cuando caza.

El pez martillo tiene una cabeza muy ancha, con mucho espacio para los poros del sistema electrosensorial con los que detecta las señales eléctricas que emiten los animales. Por eso puede localizar a sus presas con precisión.

La cornuda gigante sujeta las pastinacas contra el fondo marino con la cabeza. La pastinaca tiene unas púas venenosas en la cola con las que puede picar al pez martillo aunque esto no consigue detener su ataque.

Agrupaciones de martillos

Algunas especies de pez martillo suelen reunirse en grandes grupos. Las agrupaciones de cornudas pueden llegar a tener más de 200 miembros. Durante el día nadan en grupo, pero durante la noche cazan en solitario.

Aquí vemos una agrupación de cornudas. No se sabe por qué estos tiburones se reúnen en números tan grandes.

Link de Internet

Página repleta de información y fotos de, entre otros, tiburones martillo.

Para acceder a la página reseñada y a otros muchos sitios web visita:
www.usborne-quicklinks.com/es

Comedores de marisco

Todos estos tiburones son parientes lejanos entre sí y tienen ciertos rasgos en común: les gusta comer cangrejos y marisco y son maestros del camuflaje.

El tiburón inflado

Este tiburón vive en el fondo marino y se camufla muy bien gracias a su color canela con manchas marrones en el lomo. Así le resulta más fácil cazar los cangrejos y los peces que se le acercan.

Este tiburón inflado se camufla entre un coral abanico de mar y las rocas donde reposa.

Inflado como un globo

Cuando el tiburón inflado nota que está en peligro, puede inflar su cuerpo para parecer más grande y asustar a su atacante.

El tiburón inflado se esconde entre las rocas cuando se siente amenazado por otro tiburón.

A continuación traga agua para hinchar el cuerpo y parecer más grande y fuerte.

Ahora, el tiburón inflado corre menos riesgo de ser atacado por el otro tiburón.

Dato: La familia a la que pertenece el tiburón inflado es la más numerosa de todas las familias de tiburones.

El delicioso cazón

El cazón es un tiburón de color marrón rojizo que habita en las zonas costeras de todo el mundo. Su carne es muy apreciada y con sus aletas los chinos preparan la famosa sopa de aleta de tiburón.

Los cazones son buenos nadadores y a veces cruzan océanos enteros en sus largos viajes.

La musola antártica

Este tiburón australiano tiene unos dientes planos y romos que utiliza para romper el caparazón de los cangrejos y otros crustáceos de los que se alimenta.

Aquí vemos cómo esta musola antártica rompe el caparazón de un bogavante.

El tollo leopardo

El tollo leopardo toma su nombre de las rayas de colores vivos que adornan su piel. Este tiburón es inofensivo, pero se puede confundir con el tiburón tigre joven, que tiene un dibujo parecido y es mucho más peligroso.

El tollo leopardo es lento y perezoso y pasa mucho tiempo cerca del fondo.

Los tiburones veloces ....

Algunos tiburones son excelentes nadadores y se cuentan entre los animales marinos más veloces. Estas especies baten sus propios récords de velocidad cuando cazan.

La tintorera

Este tiburón tiene el cuerpo fino y alargado y el hocico puntiagudo, lo que le ayuda a avanzar velozmente por el agua. Es uno de los tiburones más rápidos y puede alcanzar los 60 kilómetros por hora cuando persigue a sus presas.

Aunque la tintorera viaja por todos los mares del mundo, prefiere los de aguas frías y si se encuentra en zonas tropicales desciende a más profundidad, donde la temperatura del agua es más baja.

Tintoreras en el océano Pacífico

El morro largo y puntiagudo de la tintorera es mucho más prominente que la mandíbula inferior.

Estas tintoreras nadan dentro de un banco de anchoas para comérselas.

Comida sobre la marcha

La tintorera se alimenta de muchas clases de animales, como calamares, atunes y anchoas. Cuando está hambrienta y se encuentra con un banco de peces, nada a gran velocidad entre ellos con la boca abierta, devorando todos los que puede.

El veloz tiburón carite

El tiburón más veloz es el carite, capaz de capturar peces que son excelentes nadadores, como el marlín azul o el pez espada. Cuenta con una potente cola formada por dos lóbulos iguales que le proporcionan un gran impulso en el agua. El tiburón carite puede nadar el doble de rápido que un campeón olímpico.

El tiburón carite pasa mucho tiempo en alta mar, por lo que es raro ver a estos enormes y fuertes peces.

El tiburón carite salta fuera del agua.

Link de Internet

Página web con una cámara en acción para ver imágenes de tiburones pertenecientes al acuario de Londres.

Para acceder a la página reseñada y a otros muchos sitios web visita:
www.usborne-quicklinks.com/es

Buenos saltadores

Los carites son tan fuertes que consiguen saltar fuera del agua si están atrapados en una red y quieren salir de ella. En ocasiones, tras el salto, han caído en el interior del barco pesquero.

Tiburones de aguas profundas

Muchos tiburones viven en aguas poco profundas pero las especies pelágicas prefieren las profundidades intermedias de aguas más frías y oscuras.

La mielga

Las mielgas se encuentran entre los tiburones más comunes y viven en las aguas de casi todo el mundo.

Viven a 800 metros de profundidad en el invierno pero en primavera y otoño suben a las aguas poco profundas de las costas.

Las aletas dorsales de la mielga están provistas de púas venenosas aunque el veneno no es muy tóxico.

El tiburón de gorguera

El tiburón de gorguera también se llama tiburón anguila porque tiene el cuerpo largo como el de la anguila.

El tiburón de gorguera tiene a cada lado seis hendiduras branquiales rodeadas de una especie de volante de piel. Este tiburón puede llegar a vivir a 1.300 metros de profundidad y se alimenta de peces y calamares.

Link de Internet

¿Cuántos años hace que existen los tiburones? Una página que te da a conocer su antigüedad y te invita a seguir navegando.

Para acceder a la página reseñada y a otros muchos sitios web visita:
www.usborne-quicklinks.com/es

El tollo cigarro

El tollo cigarro es un tiburón luminoso de aspecto muy extraño. Pasa el día a unos 1.000 metros de profundidad y sólo asciende a la superficie durante la noche. A pesar de medir sólo 50 centímetros, es capaz de atacar a animales mucho mayores que él, como los atunes o los delfines.

El tollo cigarro se llama así por su forma y porque tienen la piel marrón como un puro.

★
El delfín es una de las presas favoritas del tollo cigarro.

La pailona

Este tiburón se encuentra a casi 3.700 metros de la superficie. Como vive en las profundidades abisales, los expertos saben muy poco de él.

En este dibujo vemos dónde viven las pailonas en relación a otras especies de tiburón.

El beso de la muerte

El tollo cigarro tiene un morro blando que utiliza como si fuera una ventosa para succionar bocados circulares del cuerpo de sus presas.

El peregrino vive cerca de la superficie.

El tiburón de gorguera vive en una profundidad intermedia, a 1.300 metros de la superficie.

★

La pailona vive a 3.700 metros de profundidad.

Los parientes de los tiburones

Los parientes más cercanos de los tiburones son las rayas, unos peces marinos de cuerpo muy plano que se parecen un poco a los angelotes. También están emparentados con los tiburones unos peces llamados quimeras.

¿Cómo nadan las rayas?

La raya no nada como el tiburón. Hay especies que baten las aletas pectorales como si fueran alas; otras avanzan haciendo ondular los bordes de las aletas pectorales de delante hacia atrás.

Esta raya punteada avanza batiendo las aletas pectorales.

Parecidos y diferencias

Al igual que los tiburones, las rayas tienen el esqueleto cartilaginoso, respiran por branquias y captan señales eléctricas.

A diferencia de los tiburones, muchas rayas tienen púas venenosas en la cola, con las que se defienden de sus depredadores.

Púa venenosa

Esta pastinaca austral reposa en el fondo arenoso del Atlántico.

Dato: Hay unas 600 especies de rayas repartidas por los mares, los ríos y los lagos de todo el mundo.

La raya eléctrica

La tembladera o raya eléctrica puede producir descargas eléctricas para sorprender y dejar sin sentido tanto a sus presas como a sus enemigos. Los submarinistas que han tocado una tembladera han recibido fuertes descargas.

Mantas gigantes

La raya más imponente es la manta o diablo marino. Tiene 7 metros de envergadura (como un autobús) y, al igual que los tiburones más grandes, es inofensiva y se alimenta de plancton.

Lóbulo

La manta utiliza estos dos grandes lóbulos que tiene delante de los ojos para guiar el plancton hacia la boca.

Un pez elefante nadando en aguas profundas cerca de las costas neozelandesas.

Elefantes marinos

Las quimeras son unos parientes lejanos de los tiburones que suelen vivir en las profundidades marinas. Las quimeras también detectan las señales eléctricas que emiten sus presas y tienen el esqueleto cartilaginoso. El pez elefante es un tipo de quimera que tiene el hocico en forma de trompa de elefante.

Tiburones viajeros

Los tiburones pueden viajar para buscar comida o un compañero, para dar a luz a sus crías o simplemente para mudarse a aguas más cálidas. Estos viajes se llaman migraciones.

Esta tintorera atraviesa el Atlántico por su ruta habitual acompañada de un gran banco de casartes ojones.

Migraciones cortas y largas

Algunos tiburones viajan cientos de kilómetros una o dos veces al año, pero no todas las migraciones son tan largas.

Otros realizan viajes diarios desde aguas profundas hasta cerca de la superficie, donde hay más peces y otras presas.

Ruta translatlántica

Las tintoreras del Atlántico Norte suelen recorrer un circuito que atraviesa el océano. Su migración sigue las corrientes marinas, que son como ríos de agua caliente o fría que recorren los mares.

Las flechas azules señalan la ruta de la tintorera en el océano Atlántico.

Dato: Algunas tintoreras nadan más de 4.000 kilómetros al año.

El viaje del tiburón ballena

Todos los años, en marzo o abril, grandes grupos de tiburones ballena realizan un viaje especial al arrecife de Ningaloo, cerca de las costas australianas. Durante estos meses se concentra en el arrecife una gran cantidad de plancton, que es el alimento del tiburón ballena.

Este tiburón ballena nada en el arrecife de Ningaloo.

Enanitos trabajadores

Todos los días al atardecer, los tiburones enanos ascienden a la superficie para alimentarse y antes del amanecer vuelven a aguas más profundas.

Para los pequeños tiburones, que sólo miden 26 centímetros, el viaje diario de 3 kilómetros debe ser interminable.

Algunos tiburones enanos caben en la palma de la mano.

Orientación

Desconocemos cómo se orientan los tiburones por los océanos. Es posible que se guíen por los cambios de temperatura del agua.

En la ilustración vemos las temperaturas de los mares en la Tierra: en rojo, las zonas cálidas y en azul, las frías.

Nuestro planeta está rodeado de un campo magnético producido por los metales ardientes que componen el núcleo terrestre. Es posible que los tiburones detecten este campo magnético y se guíen por él en los océanos.

Los ataques de tiburones ....

Los ataques de los tiburones pueden resultar mortales, pero afortunadamente no son muy frecuentes. Cada año, entre cinco y diez personas mueren a causa de estos ataques, un número muy pequeño comparado con el de la gente que muere ahogada.

En algunas playas hay letreros como éste que avisan de la presencia de tiburones en el mar.

Ataques accidentales

En muchos casos, los tiburones atacan a las personas porque las confunden con focas u otras presas. Normalmente, tras el ataque inicial, se dan cuenta de su error y se alejan.

Vistos desde el fondo, la silueta de la tabla de surf y el surfista pueden confundirse con una foca o una tortuga.

MUNICIPALITY OF ROCKDALE

DANGER

SHARKS IN BOTANY BAY

¿Dónde atacan los tiburones?

Aunque los tiburones existen en todo el mundo, la mayoría de los ataques se producen en las costas de América del Norte, sobre todo en Florida y Hawai, y en zonas de Australia y Sudáfrica.

Sus cálidas aguas hacen que muchos bañistas acudan a estas costas, lo que aumenta las probabilidades de encuentros con los tiburones.

América del Norte — Europa — Asia — África — América del Sur — Oceanía

Las áreas donde se producen más ataques de tiburones aparecen en rojo en el mapa.

Dato: Muchos de los ataques de tiburones se producen a menos de 30 metros de la orilla.

El viaje del tiburón ballena

Todos los años, en marzo o abril, grandes grupos de tiburones ballena realizan un viaje especial al arrecife de Ningaloo, cerca de las costas australianas. Durante estos meses se concentra en el arrecife una gran cantidad de plancton, que es el alimento del tiburón ballena.

Este tiburón ballena nada en el arrecife de Ningaloo.

Enanitos trabajadores

Todos los días al atardecer, los tiburones enanos ascienden a la superficie para alimentarse y antes del amanecer vuelven a aguas más profundas.

Para los pequeños tiburones, que sólo miden 26 centímetros, el viaje diario de 3 kilómetros debe ser interminable.

Algunos tiburones enanos caben en la palma de la mano.

Orientación

Desconocemos cómo se orientan los tiburones por los océanos. Es posible que se guíen por los cambios de temperatura del agua.

En la ilustración vemos las temperaturas de los mares en la Tierra: en rojo, las zonas cálidas y en azul, las frías.

Nuestro planeta está rodeado de un campo magnético producido por los metales ardientes que componen el núcleo terrestre. Es posible que los tiburones detecten este campo magnético y se guíen por él en los océanos.

Los ataques de tiburones

Los ataques de los tiburones pueden resultar mortales, pero afortunadamente no son muy frecuentes. Cada año, entre cinco y diez personas mueren a causa de estos ataques, un número muy pequeño comparado con el de la gente que muere ahogada.

En algunas playas hay letreros como éste que avisan de la presencia de tiburones en el mar.

MUNICIPALITY OF ROCKDALE
DANGER
SHARKS IN BOTANY BAY

Ataques accidentales

En muchos casos, los tiburones atacan a las personas porque las confunden con focas u otras presas. Normalmente, tras el ataque inicial, se dan cuenta de su error y se alejan.

Vistos desde el fondo, la silueta de la tabla de surf y el surfista pueden confundirse con una foca o una tortuga.

¿Dónde atacan los tiburones?

Aunque los tiburones existen en todo el mundo, la mayoría de los ataques se producen en las costas de América del Norte, sobre todo en Florida y Hawai, y en zonas de Australia y Sudáfrica.

Sus cálidas aguas hacen que muchos bañistas acudan a estas costas, lo que aumenta las probabilidades de encuentros con los tiburones.

América del Norte
Europa
Asia
África
América del Sur
Oceanía

Las áreas donde se producen más ataques de tiburones aparecen en rojo en el mapa.

Dato: Muchos de los ataques de tiburones se producen a menos de 30 metros de la orilla.

Ataques furiosos

Los tiburones responden si se les provoca y cuando se enfadan son muy peligrosos. Se han dado casos de ataques a submarinistas que les habían tirado de la cola para jugar.

Cómo evitarlos

Aunque los tiburones rara vez atacan al hombre, es bueno tomar precauciones al bañarse en zonas por las que pueden merodear.

🦈 Si tienes una herida, no entres en el agua, pues el olor de la sangre atrae a los tiburones.

🦈 No lleves ropa brillante u objetos metálicos que el tiburón pueda confundir con las escamas de un pez.

🦈 Báñate durante el día, pues los tiburones son más activos por la noche.

El submarinista se defiende de un tiburón de arrecife que está enfadado.

🦈 Link de Internet

Web con consejos para eludir los ataques de tiburón.

Para acceder a la página reseñada y a otros muchos sitios web visita: www.usborne-quicklinks.com/es

Tiburones en peligro

L os hombres tienen miedo de los tiburones, pero igualmente los tiburones tienen motivos para temer al hombre. El ser humano mata tiburones por deporte, para comérselos y, a veces, sencillamente por equivocación.

Cazador cazado

Aunque los tiburones rara vez atacan al hombre, se los considera animales peligrosos, por eso son muy preciados entre los pescadores, que suelen guardar sus mandíbulas como recuerdo o para venderlas a los turistas.

Este pescador exhibe con orgullo dos mandíbulas de tiburón.

Sopa antiecológica

En algunas regiones, la sopa de aleta de tiburón es un manjar muy apreciado. Algunos pescadores crueles, tras capturar a un tiburón, le cortan las aletas y lo devuelven al agua, donde muere de inanición y por la falta de oxígeno.

Este tiburón de arrecife ha muerto porque le han cortado las aletas.

Redes asesinas

Cada año, millones de tiburones mueren en las redes que se utilizan para pescar atunes y otros peces. En algunos países se colocan cerca de las playas redes de seguridad para que los tiburones peligrosos no lleguen a la orilla, pero desgraciadamente estas redes atrapan y matan también a muchos tiburones inofensivos.

Cuando un tiburón queda atrapado en una red es difícil que pueda escapar.

Link de Internet

Página web en contra de la cruel práctica de cortar las aletas a los tiburones.

Para acceder a la página reseñada y a otros muchos sitios web visita:
www.usborne-quicklinks.com/es

Especies amenazadas

Cada año se llegan a matar 100 millones de tiburones, por lo que algunas especies se encuentran en peligro de extinción. Por ejemplo, el número de tintoreras está cayendo en picado debido a que cada año se capturan 5 millones de ejemplares.

Muchas tintoreras mueren a manos de los pescadores, por lo que cada vez van quedando menos. A menudo se las pesca por sus aletas.

El estudio de los tiburones ....

Durante mucho tiempo los tiburones fueron unos grandes desconocidos, pero gracias a los recientes avances científicos y técnicos ahora se sabe mucho más acerca de su constitución y de su vida.

Este científico está marcando al tiburón sin necesidad de capturarlo.

Marcado

Una manera de estudiar los tiburones es marcándolos. Cuando se captura un tiburón, hay que pesarlo, medirlo y anotar los datos sobre dónde y cuándo se capturó. Esta información se graba en una placa que luego se coloca en una de las aletas del tiburón antes de liberarlo, y si vuelve a ser capturado, los científicos pueden calcular su edad, cuánto ha crecido y adónde suele viajar.

Placas electrónicas

Algunas placas emiten sonidos muy agudos que pueden detectarse con un receptor situado en un barco que vaya siguiendo al tiburón. De este modo, los científicos pueden observar sus movimientos con gran precisión.

Si el tiburón se aleja del barco o baja a aguas más profundas, las señales se hacen demasiado débiles y dejan de detectarse.

Dato: En 1991 se halló en las costas australianas un cazón que había sido marcado hacía más de 40 años.

Estos submarinistas se encuentran cara a cara con un gran tiburón blanco.

Observación de tiburones

Para observar tiburones grandes de cerca los submarinistas se ponen a salvo en el interior de unas jaulas resistentes, bajadas al agua desde un barco, y esperan a que se acerquen los tiburones. Para atraerlos hay que arrojar un cebo (sangre y pescado) desde la embarcación.

Traje protector

Otra manera de observar algunos de los tiburones más poderosos es poniéndose un traje protector de malla metálica, es decir, de eslabones metálicos encadenados. Este material protege al submarinista de los mordiscos de muchos tiburones, pero no de los más grandes.

Un traje de malla metálica protege al submarinista mientras acaricia a un tiburón de arrecife del Caribe.

Los tiburones hoy

Hoy en día los tiburones se enfrentan a muchos peligros, pero de todos ellos el peor es la contaminación.

Este barco quema el petróleo vertido durante una marea negra que amenaza la fauna marina.

Daños permanentes

Los tiburones suelen adaptarse a los cambios naturales que ocurren en su entorno, pero ciertas actividades del hombre, como la pesca y la navegación, además de la contaminación industrial, están causando daños permanentes en sus hábitats.

Contaminación

La contaminación ocurre cuando el hombre genera más residuos tóxicos de los que la Naturaleza es capaz de reciclar: productos químicos; aguas residuales y mareas negras. Los océanos son grandes y absorben parte de la contaminación, pero no toda.

Cuando el tiburón come animales afectados por estos desechos, las sustancias contaminantes se van acumulando en su organismo.

Tiburones muertos en aguas contaminadas

Arrecifes en peligro

Los tiburones viven en arrecifes que están siendo destruidos por los explosivos empleados en la pesca y por la recolección y venta de los corales.

Calentamiento del planeta

Los gases que atrapan el calor del sol en la atmósfera están aumentando debido a la contaminación y hacen subir la temperatura de la Tierra, lo que podría llegar a causar problemas a los tiburones. El aumento de las temperaturas podria afectar el crecimiento del coral y destruir los arrecites.

El submarinista fotografía una gata nodriza en un arrecife de coral. La actividad del hombre está poniendo en peligro los arrecifes.

Crías en peligro

Algunos tiburones van a tener sus crías a las costas, cerca de las poblaciones humanas, donde el riesgo de contaminación es mayor.

La contaminación afecta a varias zonas de la costa de Florida, en los Estados Unidos, donde viven estos tiburones limón.

Link de Internet

¿Has oído hablar de la inmersión con tiburones? Visita algunos sitios web dedicados a este deporte para aventureros.

Para acceder a la página reseñada y a otros muchos sitios web visita:
www.usborne-quicklinks.com/es

Datos interesantes

Los tiburones son unos animales fascinantes y poco conocidos. Estas páginas recogen algunos datos de interés sobre estos misteriosos seres marinos.

Un tiburón de arrecife nada en aguas poco profundas.

Los peces piloto suelen nadar en las proximidades de los tiburones. A primera vista parece que estos pececillos listados van guiando al tiburón, pero en realidad solo buscan protegerse de sus depredadores.

Dos tercios de los ataques de tiburones a humanos ocurren en aguas de menos de 2 metros de profundidad.

Este tiburón oceánico protege a los peces piloto listados que nadan delante de él.

Hasta el siglo XIX, en algunas islas del Pacífico, se creía que los tiburones eran dioses y se les ofrecía sacrificios.

Existen unas 400 especies de tiburones, de las cuales sólo el 20% son más grandes que un hombre.

Las crías de mielga pasan casi dos años dentro de la madre antes de nacer.

Una mielga

La cola de este zorro marino pelágico mide más de 1,5 metros.

El zorro marino tiene la cola tan larga como el resto del cuerpo y puede dar con ella fuertes coletazos.

Los hombres son mucho más susceptibles a los ataques de tiburones que las mujeres. En el 90% de los ataques la víctima ha sido un hombre. Prácticamente el mismo número de hombres y mujeres nadan o bucean en el mar y nadie sabe por qué los tiburones prefieren atacar a los hombres.

Los ataques de tiburón son muy poco frecuentes y es más probable morir herido por un rayo o por la picadura de una abeja que ser devorado por un tiburón.

Los tiburones casi nunca enferman de cáncer. Este fenómeno se está investigando con la esperanza de que en el futuro sirva para conseguir una cura para esta grave enfermedad.

Las rémoras son unos peces con ventosas que se fijan al cuerpo de los tiburones. Además de trasladarse de un sitio a otro a costa de los tiburones, se alimentan de la comida que a éstos les sobra.

Una rémora pegada a una gata nodriza

Antiguamente la piel de tiburón se usaba para cubrir la empuñadura de las espadas y para forrar cajas. En la actualidad se emplea en la fabricación de bolsos, zapatos y carteras.

Récords

Como hay tantas especies distintas de tiburones, podemos encontrar muchos récords, desde el tiburón más grande hasta el más pequeño y desde el más común hasta el más exótico.

El tiburón de mayor tamaño es el tiburón ballena, que puede llegar a medir 14 metros de longitud. También es el más grande de todos los peces.

Al lado del pez más grande del mundo, el submarinista parece diminuto.

El tiburón ballena es el que produce el mayor número de crías. En una camada puede llegar a tener varios centenares.

El tiburón más veloz es el tiburón carite, que, en tramos cortos, puede alcanzar los 100 kilómetros por hora. La tintorera y el cailón también nadan a gran velocidad.

Uno de los tiburones menos comunes es el misterioso tiburón boquiancho, descubierto en 1976, del que sólo se han visto 14 ejemplares.

El rápido tiburón carite

El misterioso tiburón boquiancho

Link de Internet

Página web sobre fósiles de tiburones, con una muestra de un diente de megalodón.

Para acceder a la página reseñada y a otros muchos sitios web visita:
www.usborne-quicklinks.com/es

El enorme, fuerte y
peligroso tiburón blanco

Los tiburones blancos son considerados los más peligrosos. En la década de 1990 al menos diez personas murieron atacadas por ellos.

Las mielgas son los tiburones que viven más tiempo, normalmente 70 años, aunque pueden llegar a los 100.

La mielga es el tiburón más común, pero también es el que más se pesca, por lo que el número de ejemplares se ha reducido en los últimos años.

Los tiburones más pequeños son el tiburón enano y el tollo linterna enano, que miden entre 16 y 22 centímetros de largo.

El tiburón soñoliento y el cailón son especies que viven en las aguas más frías. En las aguas del océano Glacial Ártico habita el tiburón soñoliento, o tollo, de Groenlandia.

Se cree que el tiburón más grande de todos los tiempos fue un enorme pez prehistórico llamado megalodón, que alcanzaba los 15 metros de largo y sus dientes eran casi tan grandes como la mano de un hombre.

Un diente de megalodón

Glosario ....

El glosario explica el significado de algunas palabras que es muy posible que encuentres cuando leas sobre los tiburones. Las que aparecen en *cursiva* también figuran en la lista por orden alfabético.

aleta anal Una aleta que se encuentra cerca de la cola del tiburón.

aleta dorsal Una aleta grande situada en el lomo del tiburón que le ayuda a mantener el equilibrio mientras nada.

aletas pectorales Par de aletas situadas tras las *branquias*, a ambos lados del cuerpo del tiburón.

aletas ventrales Par de pequeñas aletas situadas delante de la *aleta anal*, a ambos lados del cuerpo del tiburón.

amenazado En peligro. Se dice que una *especie* está amenazada cuando corre peligro de *extinción*.

ampolla de Lorenzini Son unos puntos negros que el tiburón tiene en la cabeza con los que detecta las señales eléctricas que emiten los animales.

aparearse Unirse un macho y una hembra para tener crías.

arrecife Formación rocosa, de arena o de *coral*, cuya parte superior está a menudo a flor de agua.

arrecife de coral Escollo del fondo del mar hecho de *coral*.

banco Grupo de peces de la misma especie que nadan juntos.

barba Protuberancia dérmica que se encuentra cerca de la boca del tiburón y que sirve para buscar comida.

branquias Los órganos con los que los tiburones y los demás peces absorben el oxígeno del agua.

calentamiento global Aumento gradual de la temperatura del planeta, causada en parte por la *contaminación*.

camuflaje Dibujos y colores en la piel que hacen que el pez se confunda con su entorno.

cartílago El material flexible y resistente de que está formado el esqueleto de los tiburones.

conservación Protección del *medio ambiente* y de las plantas y animales que habitan en él.

contaminación Productos de desecho que se acumulan en el *medio ambiente* y lo ensucian, llegando a resultar mortal para algunos animales y plantas.

coral Conjunto de esqueletos de unos animales diminutos llamados madréporas o pólipos de coral.

corriente marina Masa de agua que se desplaza en el océano.

depredador Animal que caza otros animales para alimentarse.

escamas placoides Una especie de ganchitos que recubren la piel del tiburón y la hacen más resistente.

especie Grupo de animales o plantas que comparten las mismas características.

espiráculo Orificio redondo situado detrás de los ojos de los tiburones por el que pueden respirar sin tener que abrir la boca.

extinción El proceso gradual por el que una *especie* de planta o animal desaparece por completo.

filtración Manera de alimentarse de los tiburones planctónicos, que filtran el agua y retienen el *plancton* con unas estructuras branquiales laminares.

hábitat El lugar en que vive un grupo de animales y plantas.

hendiduras branquiales Las aperturas que contienen las *branquias*. La mayoría de los tiburones tienen cinco, situadas detrás de los ojos, pero algunos tienen seis o siete.

hibernación El estado de aletargamiento en que se encuentran algunos animales durante los meses de invierno.

línea lateral Tubos que se encuentran bajo la piel de los tiburones y otros peces, a lo largo de ambos costados, con los que pueden detectar hasta el más leve movimiento de sus *presas*.

marcar Poner una etiqueta u otra marca en la piel de un tiburón.

medio ambiente El entorno natural en que viven los animales y las plantas.

membrana nictitante Fina capa de piel móvil que cubre los ojos del tiburón durante la depredación para protegerlos.

migración Desplazamiento de algunos animales en ciertas épocas del año de un *hábitat* a otro.

plancton Agrupación de animales y algas diminutos que flotan en los océanos y sirven de alimento a algunos tiburones.

presa Animal que es cazado por otro (el *depredador*) para comérselo.

saco vitelino Membrana que contiene la *yema* en el interior del huevo.

sistema electrosensorial Una serie de órganos con los que el tiburón detecta las señales eléctricas que emiten otros animales.

tropical Relacionado con las zonas de la Tierra cálidas y húmedas que se encuentran cerca de los trópicos.

yema Líquido que se encuentra dentro de los huevos y que proporciona al embrión los nutrientes que necesita.

Cómo usar Internet ....

Esta página contiene más información acerca de los links de Internet y algunas pistas para navegar por la red de una forma más rápida y segura. En el reverso de la cubierta encontrarás más datos.

Quicklinks Usborne

Para acceder a los sitios web que describimos en este libro, no tienes más que visitar la página **www.usborne-quicklinks.com/es** y seguir unas instrucciones muy sencillas. Los enlaces te llevarán directamente a las páginas web y a las ilustraciones del libro que se pueden descargar gratuitamente. Puedes imprimir las ilustraciones siempre que sean para tu uso personal, por ejemplo para tareas escolares, pero no se deben copiar ni distribuir con fines comerciales.

Ayuda

Si necesitas ayuda en general o algún consejo sobre el uso de Internet visita la página **www.usborne-quicklinks.com/es** y a continuación haz clic en **Guía de Internet**. Para encontrar información adicional sobre tu navegador, haz clic en el botón **Ayuda** del navegador. Una vez abierto el menú, selecciona **Contenido e índice**, donde encontrarás un gran diccionario que enseña a navegar mejor por Internet. Si lo que necesitas es apoyo técnico actualizado para tu navegador, selecciona **Soporte técnico en línea** para visitar el centro de atención técnica que corresponda a tu navegador.

Virus informáticos

Los virus informáticos son programas que pueden causar graves problemas a tu ordenador. Entran al descargar programas de Internet o con un archivo adjunto a un mensaje de correo electrónico. Hay programas anti-virus a la venta y también los puedes descargar de Internet. Aunque sean caros, ahorran el coste que supone arreglar un ordenador infectado. Para más información sobre los virus informáticos visita **www.usborne-quicklinks.com/es** y haz clic en **Guía de Internet**.

La seguridad en Internet

Para evitar errores al teclear que pudieran conducir a páginas equivocadas o de un contenido inapropiado, el acceso a los sitios web que recomendamos en este libro sólo se consigue a través de nuestra página **www.usborne-quicklinks.com/es**

Sigue estas indicaciones al navegar por Internet:

- Pide permiso a tus padres, profesores o al dueño del ordenador antes de conectarte. Si lo consideran necesario, permanecerán contigo mientras navegas.

- Si usas un buscador, lee la descripción antes de hacer clic en una página para asegurarte de que es la que te interesa.

- Si la página web en pantalla no es la que buscabas, pulsa el botón rojo **Detener** en la barra de herramientas web para detener la descarga. Para volver al sitio web anterior, pulsa el botón **Atrás**.

- No debes dar nunca tus datos personales verdaderos, como tu nombre, dirección o teléfono.

- No debes quedar nunca en encontrarte con una persona a la que has conocido a través de Internet.

Links directos a todos los sitios web recomendados a través de nuestra página:

www.usborne-quicklinks.com/es

Índice . . . .

Agradecimientos

Se han tomado las medidas oportunas para identificar a los titulares del copyright del material utilizado en esta obra. La editorial pide disculpas en caso de posibles omisiones y se compromete a subsanar cualquier error en futuras ediciones, siempre y cuando se reciba la notificación pertinente. Usborne Publishing agradece a los organismos y personas que a continuación se citan la autorización concedida para reproducir el material gráfico utilizado.
Clave: a (arriba) b (abajo) c (centro) d (derecha) i (izquierda).

Portada James Watt/Planet Earth Pictures; **p1** Richard Herrmann/Innerspace Visions; **p2** (c) Steve Drogin/Innerspace Visions; **p3** (b d) Walt Stearns/Innerspace Visions; **p4** (c) Franco Banfi/Innerspace Visions, (b i) Bob Cranston/Innerspace Visions, (b d) Doug Perrine/Innerspace Visions; **p5** (a d) Tom Campbell/Innerspace Visions, (b d) Digital Vision ©; **p6-7** (c) Doug Perrine/Innerspace Visions; **p8** (c) James D. Watt/Innerspace Visions; **p9** (a) Doug Perrine/Innerspace Visions, (b d) Jeffrey Jaskolski/Innerspace Visions; **p10** (c) James Watt/Innerspace Visions, (b i) Doug Perrine/Innerspace Visions; **p11** (b d) Bill Harrigan/Innerspace Visions; **p12** (b i) Marty Snyderman/Innerspace Visions, (a d) Jeff Rotman/Innerspace Visions; **p13** (a) David Fleetham/Innerspace Visions, (b d) Norbert Wu/Innerspace Visions; **p14** (c) Jeff Rotman/Innerspace Visions; **p15** (b d) Doug Perrine/Innerspace Visions; **p16** (a i) Bob Cranston/Innerspace Visions, (b i) David Fleetham/Innerspace Visions; **p17** (a i) Doug Perrine/Innerspace Visions, (a d) Mark Conlin/Innerspace Visions, (b d) Ardea/Ron y Valerie Taylor; **p18** (d) James D. Watt/Innerspace Visions; **p19** (c) Steve Drogin/Innerspace Visions; **p20** (c) Michel Jozon/Innerspace Visions; **p21** (a d) Jeff Rotman/Innerspace Visions, (b) Doug Perrine/Innerspace Visions; **p22** (a) ©AFP/Corbis, (b i) Mark Conlin/Innerspace Visions; **p23** (a d) Nigel Marsh/Innerspace Visions (b) Mark Conlin/Innerspace Visions; **p24** (i) James D. Watt/Innerspace Visions; **p24-25** (c) Kevin Aitken/Still Pictures; **p26** (c) Ben Cropp Productions/Innerspace Visions; **p27** (a) Doug Perrine/Innerspace Visions, (b) Doug Perrine/Innerspace Visions; **p28** (b) Mark Strickland/Innerspace Visions; **p29** (a d) Tom Haight/Innerspace Visions, (b) Jeff Rotman/BBC Natural History Unit Picture Library; **p30** (a) James D. Watt/Innerspace Visions; **p31** (a) David B. Fleetham/Innerspace Visions, (b i) Howard Hall/Innerspace Visions; **p32** (c) Doug Perrine/Innerspace Visions; **p33** (a d) Nicholas Penn/Planet Earth Pictures, (c) Marty Snyderman/Innerspace Visions; **p34** (c) Kurt Amsler/Innerspace Visions, (b) Doug Perrine/Innerspace Visions; **p35** (a) David B. Fleetham/Innerspace Visions, (b) Telegraph Colour Library/Gary Bell; **p36** (a) Doug Perrine/Innerspace Visions, (b i) Gary Adkinson/Innerspace Visions, (b c) Jeff Rotman/Innerspace Visions; **p37** (b) Marty Snyderman/Innerspace Visions; **p38** (a d) Mark Conlin/Innerspace Visions; **p39** (a) Doug Perrine/Innerspace Visions, (b d) ©Patrice Ceisel/Stock/Boston; **p40** (i) Michael Nolan/Innerspace Visions, (b i) Richard Herrmann/Innerspace Visions; **p41** (c) Howard Hall/Innerspace Visions; **p42** (a d) Chris Huss/Innerspace Visions, (c) Rudie Kuiter/Innerspace Visions; **p43** (a d) Norbert Wu/Innerspace Visions; **p44** (a i) Ardea/Ron y Valerie Taylor, (b) Georgette Douwma/Planet Earth Pictures; **p45** (c) D. D. Seifert/Planet Earth Pictures (b) NHPA/ANT; **p46** (c) Richard Herrmann/Innerspace Visions; **p47** (a) James D. Watt/Innerspace Visions, (c d) Gwen Lowe/Innerspace Visions, (b c) Los Alamos National Laboratory/Science Photo Library; **p48** (a) Doug Perrine/Innerspace Visions, (c, i) Bob Cranston/Innerspace Visions; **p49** (a i) ©Jeffrey L. Rotman/Corbis, (b) Amos Nachoum/Innerspace Visions; **p50** (a) ©Jeffrey L. Rotman/Corbis, (b) Mark Strickland/Innerspace Visions; **p51** (a) ©Tony Arruza/Corbis, (b) Richard Herrmann/Innerspace Visions; **p52** (c) Doug Perrine/Innerspace Visions; **p53** (a) ©Jeffrey L. Rotman/Corbis, (b) Bill Harrigan/Innerspace Visions; **p54** (a) ©Stephen Frink/Corbis, (b d) Ardea/Ian Beames; **p55** (a) ©Lowell Georgia/Corbis, (b) Doug Perrine/Innerspace Visions; **p56** (a d) ©Jonathan Blair/Corbis, (b) Chris Huss/Innerspace Visions; **p56-57** (c) David B. Fleetham/Innerspace Visions; **p57** (a) Ferrari/Watt/Innerspace Visions, (b d) ©Jeffrey L. Rotman/Corbis; **p58** (a) David B. Fleetham/Innerspace Visions, (c d) David Hall/Innerspace Visions, (b i) Bruce Rasner/Innerspace Visions; **p59** (a) David Fleetham/Innerspace Visions, (b c) Bob Cranston/Innerspace Visions.